［過去問］

2024
千葉大学教育学部附属小学校
入試問題集

・問題内容についてはできる限り正確な調査分析をしていますが、入試を実際に受けたお子さんの記憶に
基づいていますので、多少不明瞭な点はご了承ください。

Shinga-kai

千葉大学教育学部附属小学校
過去10年間の入試問題分析
出題傾向とその対策

2023年傾向

考査は例年通り、ペーパーテスト、集団テスト、運動テストが行われました。ペーパーテストは話の記憶、常識、数量、推理・思考の迷路が出題され、指示を聞きとる力、短時間で解答する力、そして迷路では先を見通して考える力と運筆の丁寧さも見られました。集団テストと運動テストでも、指示をきちんと理解して活動する課題、お友達とのかかわりや協調性、主体性を見る課題が行われました。

傾　向

過去には抽選も行われていましたが、現在は発育総合調査のみで抽選は行われていません。所要時間はグループによって異なりますが、考査自体は正味30～40分です。ペーパーテストは例年音声による出題で、机に向かって立ったまま行います。話の記憶、数量、推理・思考、常識などの出題が多く、話の記憶は長い文章ではないものの選択肢の絵で迷いやすいものが含まれていたり、話をいったん区切り、途中で内容について出題されたりするのが特徴です。数量では積み木の数、比較や対応などが出題されています。常識では道具やマナーを含めた生活が問われることが多いので、日常生活での意識づけが大きなポイントとなります。推理・思考は毎年出題され、平面や立体の図形などを用いた課題を通して1つのものをいろいろな角度から見る力、観察する力を評価していることがうかがえます。集団テストではタオルをたたんだり縄跳びの縄を結んだりする生活習慣や、グループのみんなで協力して指定されたものを作ったり、絵に描かれたものの仲間分けなどを相談したりする行動観察が行われています。また運動テストでは模倣体操、4つのお手玉を1つずつ指定の場所に移し替えるといった機敏性を見る課題、ケンパー、スキップ、起き上がりこぼし、縄跳びなど、基本的なリズム感覚や筋力を見る課題が行われています。これらを通し、集団の中での協調性なども見られていると思われます。子どもはやり方がわかってくると楽しさを優先させてしまいます。楽しんで行うことは大切ですが、夢中になりすぎることなく自分とお友達との関係や周りの状況を考え行動できているかなど、さまざまな観点から評価されていることを

念頭に置くとよいでしょう。また、口頭ではなく笛の合図などで指示が出される場合もあるため、指示に対する理解力、記憶力、機敏な動作が必要といえます。

対 策

ペーパーテストでは、話の記憶、推理・思考、常識が毎年出題されています。音声による出題ですが、テスターがあらかじめやり方を説明してから取り組むこともあります。集中して話を聞き、聞いたことをしっかりと整理して行うことが大切です。また、日常の生活体験を基にした知識が必要とされるので、日々の生活や遊びの中で身近なものに幅広く興味を示し「なぜ?」「どうして?」という疑問を持てるような自発性を育てていくようにしてください。推理・思考では、対称図形、重ね図形、重さ比べに加え、穴を通り抜けられる形やピッタリはまる形を選ぶなど、考える力や推測する力を見る、千葉大学教育学部附属小学校ならではの特徴ある課題も出されています。積み木や折り紙などを使って形遊びをしたり、あるものの一部を隠し、見えないところはどうなっているかを当てさせたりするなど、ゲーム感覚で楽しく考える機会を与えてみてください。話の記憶では、話を聞きながら場面を想像し、話の展開を整理して記憶するようにしましょう。考査では常に子どもが理解できるような言葉で指示されるとは限りません。違う意味でも同じ言い方をするものや、日ごろの会話ではなじみのない言葉が使われることもあります。指示を正しく理解するためには、言語力、語彙力の獲得も大切です。日々の言葉掛けや絵本の読み聞かせなどを通して語彙力を高めていきましょう。また、いろいろなものの名前、季節や行事への関心も広げておきましょう。子どもは実際に見たものや経験したことであれば、自信を持って対応できます。季節の行事を生活に採り入れ、旬の野菜や果物、植物などにも触れながら、さまざまな違いや共通点を発見できるようにしていくとよいですね。そのほか、しつけや交通マナー、判断力に関する出題も目立ちます。子ども自身の生活体験が、言語や常識などのペーパーテストにも表れるものです。日ごろから正しいはしの持ち方や、電車やバスに乗る際の注意事項なども確認しておきましょう。集団テストに向けては、日々の手伝いや縄跳びの縄を結ぶ片づけなどを通じ、基本的な生活習慣を身につけておきましょう。また、巧緻性の出題もありますので、身の回りの道具の扱いに慣れ、細かな作業力も養っておくとよいでしょう。グループで1つの課題に取り組む行動観察では、初めて会うお友達とも協力して楽しく遊べることが大切です。自分の考えを伝えるだけでなく、お友達の話も聞けるようにしておきましょう。DVD鑑賞やお絵描きでは、集中することと周りに迷惑をかけないけじめが重要です。さまざまなお友達と遊ぶ経験を積むとともに、課題に集中して静かに取り組む姿勢も養っておきましょう。運動テストでは指示に対して機敏に動くことが必要です。それぞれの課題において、それができるかできないかというだけでなく、腕力や脚力、バランス感覚など運動機能の発達を見られますので、日ごろの遊びの中で公園などの遊具（うんてい、登り棒、鉄棒、シーソー、ブランコなど）を使って力をつけていくようにしましょう。

年度別入試問題分析表

【千葉大学教育学部附属小学校】

	2023	2022	2021	2020	2019	2018	2017	2016	2015	2014
ペーパーテスト										
話	○	○	○	○	○	○	○	○	○	○
数量	○	○	○	○	○		○		○	
観察力					○			○		
言語										
推理・思考	○	○	○	○	○	○	○	○	○	○
構成力								○		
記憶										
常識	○	○	○	○	○	○	○	○	○	○
位置・置換										
模写										
巧緻性										
絵画・表現										
系列完成						○				○
個別テスト										
話										
数量										
観察力										
言語										
推理・思考										
構成力										
記憶										
常識										
位置・置換										
巧緻性										
絵画・表現										
系列完成										
制作										
行動観察										
生活習慣										
集団テスト										
話										
観察力										
言語				○			○			
常識										
巧緻性	○	○	○					○		
絵画・表現					○					
制作										
行動観察	○	○	○	○	○	○	○	○	○	○
課題・自由遊び		○	○	○	○	○	○			
運動・ゲーム		○			○					
生活習慣					○		○	○	○	○
運動テスト										
基礎運動						○			○	○
指示行動	○									○
模倣体操						○		○		○
リズム運動		○		○				○		
ボール運動										
跳躍運動		○	○		○		○		○	
バランス運動			○		○		○			
連続運動										
面接										
親子面接										
保護者(両親)面接										
本人面接										

※伸芽会教育研究所調査データ

小学校受験Check Sheet

　お子さんの受験を控えて、何かと不安を抱える保護者も多いかと思います。受験対策はしっかりやっていても、すべてをクリアしているとは思えないのが実状ではないでしょうか。そこで、このチェックシートをご用意しました。1つずつチェックをしながら、受験に向かっていってください。

✽ ペーパーテスト編

①お子さんは長い時間座っていることができますか。

②お子さんは長い話を根気よく聞くことができますか。

③お子さんはスムーズにプリントをめくったり、印をつけたりできますか。

④お子さんは机の上を散らかさずに作業ができますか。

✽ 個別テスト編

①お子さんは長時間立っていることができますか。

②お子さんはハキハキと大きい声で話せますか。

③お子さんは初対面の大人と話せますか。

④お子さんは自信を持ってテキパキと作業ができますか。

✽ 絵画、制作編

①お子さんは絵を描くのが好きですか。

②お家にお子さんの絵を飾っていますか。

③お子さんははさみやセロハンテープなどを使いこなせますか。

④お子さんはお家で空き箱や牛乳パックなどで制作をしたことがありますか。

✽ 行動観察編

①お子さんは初めて会ったお友達と話せますか。

②お子さんは集団の中でほかの子とかかわって遊べますか。

③お子さんは何もおもちゃがない状況で遊べますか。

④お子さんは順番を守れますか。

✽ 運動テスト編

①お子さんは運動をするときに意欲的ですか。

②お子さんは長い距離を歩いたことがありますか。

③お子さんはリズム感がありますか。

④お子さんはボール遊びが好きですか。

✽ 面接対策・子ども編

①お子さんは、ある程度の時間、きちんと座っていられますか。

②お子さんは返事が素直にできますか。

③お子さんはお父さま、お母さまと3人で行動することに慣れていますか。

④お子さんは単語でなく、文で話せますか。

✽ 面接対策・保護者（両親）編

①最近、ご家族での楽しい思い出がありますか。

②ご両親の教育方針は一致していますか。

③お父さまは、お子さんのお家での生活や幼稚園・保育園での生活をどれくらいご存じですか。

④最近タイムリーな話題、または昨今の子どもを取り巻く環境についてご両親で話をしていますか。

section 2023 千葉大学教育学部附属小学校入試問題

■ 選抜方法

考査は1日で考査当日に抽選で選考番号を決め、男女別の選考番号順に10〜12人単位で誘導される。ペーパーテスト、集団テスト、運動テストを行い、男女各約25名を選出する。所要時間は1グループ約3時間30分。附属幼稚園からの志願者は考査を免除される。

❘ ペーパーテスト ❘ 筆記用具は鉛筆を使用し、訂正方法は×（バツ印）。出題方法は音声。

1 常 識

・乗り物はどれですか。絵の下の四角に○をかきましょう。

2 数 量

・左端の四角と同じ数の四角を、右から選んで○をつけましょう。

3 推理・思考（迷路）

・ウサギさんがクマさんのところまで歩いていきます。周りの線にぶつからないように、道に線を引きましょう。

4 話の記憶

「今日は、たろう君のお母さんのお誕生日です。お父さんとたろう君は、お母さんのためにケーキを作ることにしました。『たろう、卵と牛乳がないんだけど、1人で買い物に行けるかい？』とお父さんにたずねられたので、たろう君は『僕、1人で行けるよ。まかせて！』と答えました。『小学校の前の道は、工事をしているから通れないよ。だから、ポストがある方の道を通ってお店に行くんだよ』とお父さんが教えてくれました。たろう君は『わかったよ。行ってきます』と元気にお家を出発しました。お家を出て、まず橋を渡ります。小学校の前の道は通れないと聞いたので、ポストの方に向かいました。ポストの前を通り過ぎて少し行くと、長いすべり台のある公園があります。お店はその公園の近くです。お店でお買い物を済ませたたろう君がお家に向かって歩いていると、途中で女の人がミカンとリンゴを落として困っているのを見かけました。たろう君は、『だいじょうぶですか。お手伝いします』と、一緒にミカンとリンゴを拾ってあげました。『ありがとう』と女の人に言われ、たろう君はうれしい気持ちになりました。お家に帰り、お父さんと一緒にケーキを作りました」

・たろう君が買ったものに〇をつけましょう。

・たろう君のお家やお店の場所や道が正しく描かれている絵に〇をつけましょう。

・女の人がミカンとリンゴを落としてしまいましたね。そのとき、どうすればよいかを考えて、正しくない絵に〇をつけましょう。

集団テスト

> 3、4人ずつのグループに分かれて、グループごとに赤、青、黄色の帽子をかぶって行う。

巧緻性

ペットボトルのふたが十数個入った箱が各自に用意されており、積み上げてタワーを作る。「右手だけを使いましょう」「左手だけを使いましょう」など、片手で作業をするよう指示がある。

行動観察

グループごとに積み木が用意される。グループで協力し、積み木でお城を作る。「やめ」と言われたら作業をやめ、指示された場所で体操座りをして待つ。

行動観察

各自指示された場所に行き、折り紙、お絵描き（鉛筆と上質紙を使用）、DVD鑑賞（「ひつじのショーン」）、体ジャンケンなどを、テスターの指示で一緒に行う。おしゃべりをしない、走らないなどのお約束がある。

運動テスト

> 3、4人ずつのグループに分かれて、グループごとに赤、青、黄色の帽子をかぶって行う。

指示行動

テスターが赤信号と青信号の札で合図を出したら、決められた動きをする。

・青を出している間は指示された動作（その場でスキップ、手をたたくなど、そのつど指示がある）をし、赤を出したら動きを止める。何回か行う。

・赤を出したら手をたたき、青を出したらその場でスキップをする。「反対」と言われたら、赤と青の動きを交替する。何回か行う。

1

2

3

section 2022 千葉大学教育学部附属小学校入試問題

■ 選抜方法

考査は1日で考査当日に抽選で選考番号を決め、男女別の選考番号順に10〜12人単位で誘導される。ペーパーテスト、集団テスト、運動テストを行い、男女各約25名を選出する。所要時間は1グループ約3時間30分。附属幼稚園からの志願者は考査を免除される。

▌ペーパーテスト ▌ 筆記用具は鉛筆を使用し、訂正方法は×（バツ印）。出題方法は音声。

1 常識（生活）

・雨の日に使うものに○をつけましょう。

2 数 量

・一番上を見ましょう。左と右の四角の中の印を、真ん中の空いている四角で合わせます。そのとき、真ん中の四角はどのようになりますか。すぐ下の段から、正しいものを選んで○をつけましょう。一番下までやってください。

3 推理・思考

・曇った窓ガラスに、部屋の中から左端のような絵を描きました。外からその窓を見ると、どのように見えますか。右側から選んで○をつけましょう。

4 話の記憶

プリントを隠したままお話を聴き、それぞれ解答するときに出す。

A

「今日はキツネさんの誕生日です。キツネさんのお家は、大きい山、中くらいの山、小さい山が3つ並んでいる中で、一番大きい山のてっぺんにあります。キツネさんは、みんなが誕生日のお祝いに来てくれるのを、楽しみにしています」

・キツネさんのお家はどこにあり、今どんな顔をしているでしょうか。合う絵に○をつけましょう。

B

「リスさん、クマ君、タヌキ君、小鳥さんは、キツネさんにプレゼントを用意することにしました。最初にタヌキ君が『僕はお花を摘んでいくね』と言いました。次にクマ君が『僕はケーキを作っていくことにするよ』と言いました。そして小鳥さんは『わたしはお手紙を書くことにするわ』と言いました。リスさんだけは、何をプレゼントしようか迷っていました。みんなは、それぞれプレゼントを用意しました」

・今のお話で、キツネさんへのプレゼントを決めた順番の通りに絵が並んでいるのはどれですか。正しい段の左端の四角に○をかきましょう。

C

「キツネさんへのプレゼントを持ってみんなが集まってきましたが、リスさんは泣いていました。『何をあげるか決まらなくて、困っているんだね。さて、どうしようか』。そしてみんなで相談して、用意したプレゼントをリスさんも一緒に渡すことにしました。それからキツネさんのお家に行き、『お誕生日おめでとう！』と、みんなでプレゼントを渡しました。キツネさんは『どうもありがとう！』と言ってとても喜びました。そのときです。リスさんのポケットから、ドングリがコロコロと落ちてきたのです。みんなはニコッと笑いました」

・今のお話と違う様子の絵に○をつけましょう。

集団テスト

3、4人ずつのグループに分かれて、グループごとに赤、青、黄色の帽子をかぶって行う。

行動観察

1枚1枚異なる動物の絵カード10枚（ナマケモノ、レッサーパンダ、ゾウ、ライオン、シマウマ、ミーアキャット、キリン、ゴリラ、クマ、トラなど）、1～10までの数字の横にマス目がかかれた大きな紙がグループごとに用意される。絵カードの動物たちで、動物園での人気順位をみんなで相談して決め、順位のマス目に絵カードを並べる。

巧緻性

床の上で行う。知恵の輪（3つ程度の形がつながったもの）が各自に配られ、自分で外して遊ぶ。

集団ゲーム

「あっち向いてホイ、ホイ」の掛け声に合わせて行う。1回目の「ホイ」でテスターが矢

印のカードを出し、2回目の「ホイ」で矢印の方向を示す。その矢印と違う方向を向くことができた人が勝ち。

自由遊び

折り紙やお絵描き、DVD「ひつじのショーン」鑑賞のコーナーが用意されている。それぞれのコーナーや、体ジャンケンなどで遊ぶ。おしゃべりをしない、走らないなどのお約束がある。

運動テスト

3、4人ずつのグループに分かれて、グループごとに赤、青、黄色の帽子をかぶって行う。

リズム

テスターのお手本を見ながら、同じように手や体でリズム打ちをする。

両足跳び

縦1列に並んだ4つのコーンを、CDから流れる音に合わせてリズムよく跳び越えながら進む。音が止まったら、指示された場所で待つ。

1

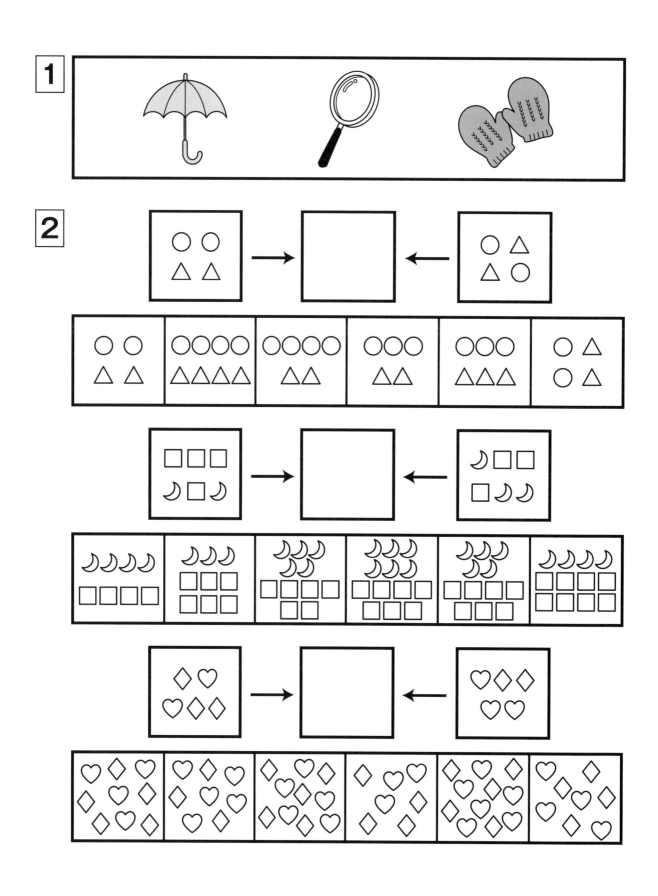

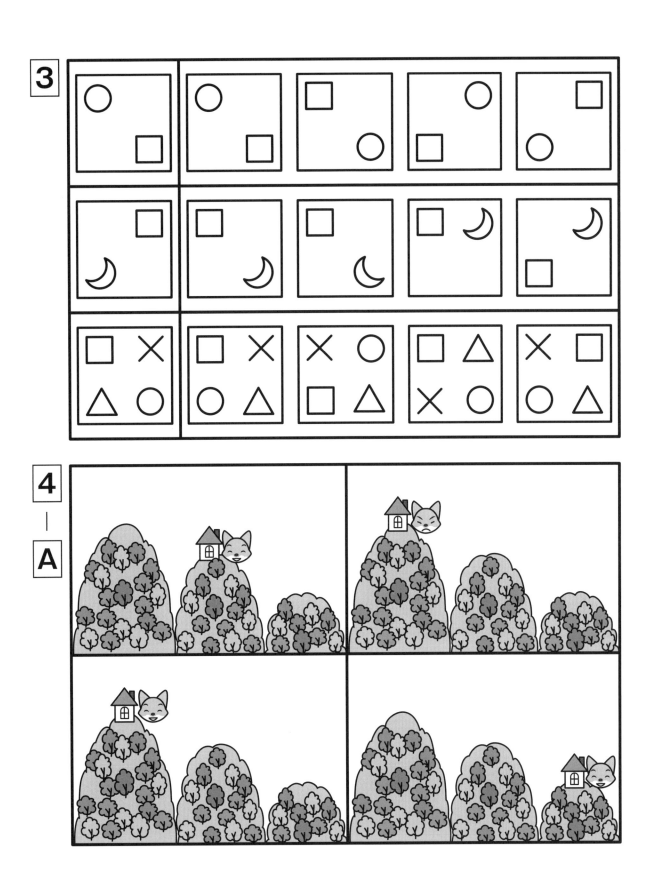

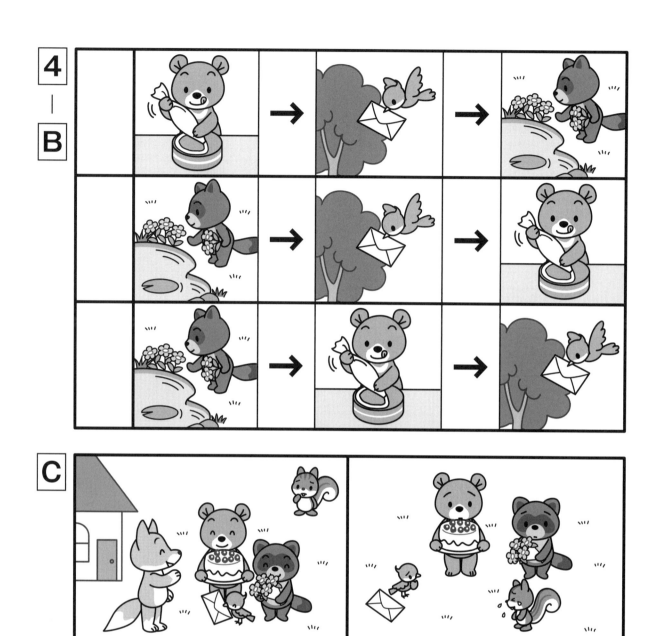

section
2021 千葉大学教育学部附属小学校入試問題

■ 選抜方法

考査は1日で考査当日に抽選で選考番号を決め、男女別の選考番号順に12人単位で誘導される。ペーパーテスト、集団テスト、運動テストを行い、男女各約25人を選出する。所要時間は1グループ約3時間。附属幼稚園からの志願者は考査を免除される。

| ペーパーテスト | 筆記用具は鉛筆を使用し、訂正方法は×（バツ印）。出題方法は音声。

1 常 識

- ・空を飛ぶ生き物に○をつけましょう。
- ・プレゼントをもらったら、あなたはどんな顔になりますか。○をつけましょう。

2 数量（対応）

- ・上の絵を見ましょう。1つの荷物をお手本の絵のように2人で一緒に運びます。では、四角の中の荷物を一度に全部運ぶには、何人いればよいですか。その数だけ、すぐ下に描かれた顔の周りの点線をなぞりましょう。

3 推理・思考（対称図形）

- ・左端の折り紙の黒いところを切り取って開くと、どのような形になりますか。それぞれの段で、右から選んで○をつけましょう。

4 話の記憶

Ⓐのプリントを見ながらお話を聴く（Ⓑのプリントは隠しておく）。

「今日は朝から太陽が輝いていて、とても気持ちのよい日です。クマさんとウサギさんは、波模様の屋根に煙突のあるお家の中で遊んでいました。お家のすぐそばには川が流れていて、川の向こう側にはリンゴの木が3本あります」

- ・今のお話に合う絵に○をつけましょう。

Ⓑのプリントを隠したままお話の続きを聴き、解答するときに出す。

「『あっ、リンゴが真っ赤になっておいしそうだな。あそこにはしごがあるから、持ってきて採ろうよ』と、クマさんが言いました。ウサギさんは、『誰のリンゴの木かわからな

いから、勝手に採っちゃいけないんじゃない？』と答えましたが、クマさんは『だって、真っ赤でとってもおいしそうなんだもの。ねえウサギさん、はしごに上って採ってきてくれない？』と言います。クマさんがあまりにも熱心に頼むので、ウサギさんは仕方なく採ってきてあげました。そして、クマさんがそのリンゴをとてもおいしそうに食べるのを、ウサギさんはちょっと困った顔をしながら見ていました。すると、そこにタヌキ君がやって来ました。ウサギさんが『あれは誰のリンゴの木か知ってる？』とたずねると、『鳥さんが育てているリンゴだよ』と、タヌキ君は教えてくれました」

・今のお話に合う絵に○をつけましょう。

集団テスト

3、4人ずつのグループに分かれて、グループごとに赤、青、黄色の帽子をかぶって行う。

巧緻性

約1cm四方の小さな立方体の積み木が10個程度入った箱が、各自に用意されている。「やめ」と言われるまで、積み木をできるだけ高く積む。

行動観察

ケン玉、お手玉、コマ、メンコ、トランプがグループごとに用意されている。グループで相談して仲よく遊ぶ。

自由遊び

ＤＶＤ鑑賞、折り紙、お絵描きなど、用意されているものを使ったり、体ジャンケンなどをしたりして遊ぶ。

運動テスト

3、4人ずつのグループに分かれて、グループごとに赤、青、黄色の帽子をかぶって行う。

縄跳び

・縄跳びの縄が四つ折りの状態で置かれている。「始め」と言われたら跳び始め、「やめ」と言われたら終了する。
・縄跳びを両手で持ち手をそろえて持ち、横に8の字になるように回す。

くり返す

🗂 バランス

床の上に置かれた幅20〜25cmの板の上を渡る。歩いても走ってもよい。途中で落ちたらスタート地点に戻って渡り直す。前の人が渡り終わったら、次の人がスタートする。「やめ」と言われるまでくり返す。

1

2

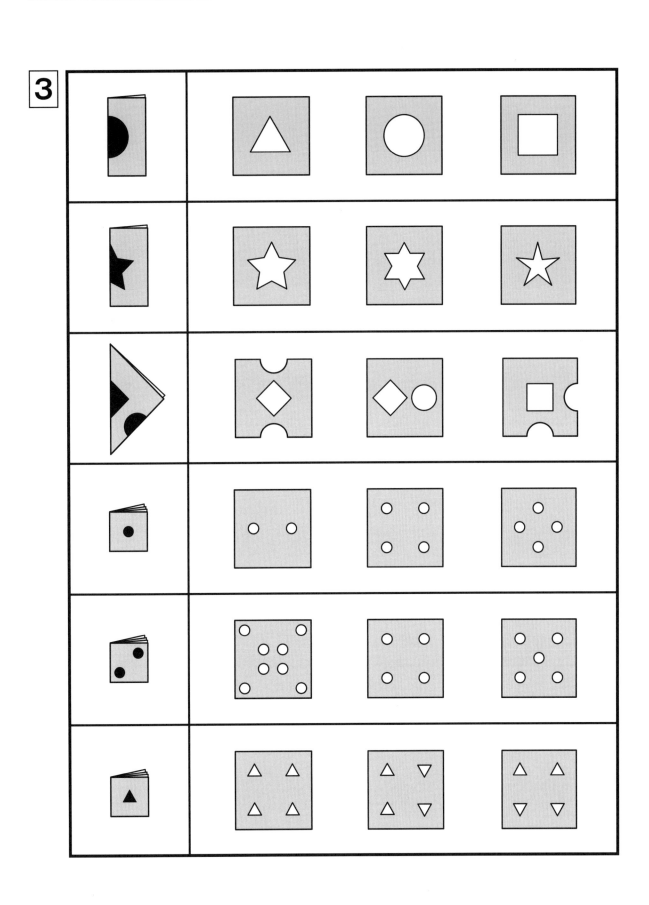

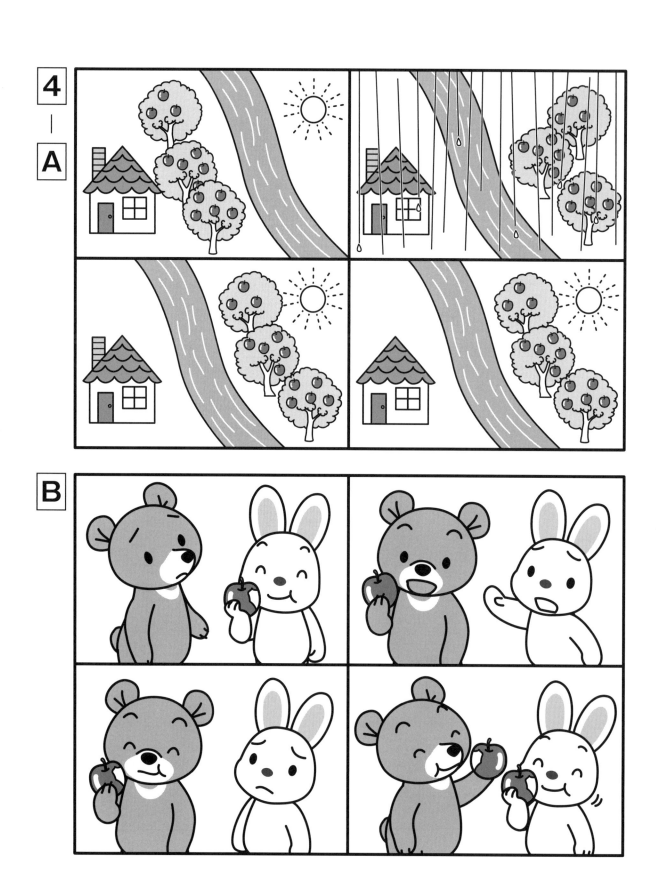

2020　千葉大学教育学部附属小学校入試問題

■ 選抜方法

考査は1日で考査当日に抽選で選考番号を決め、男女別の選考番号順に12人単位で誘導される。ペーパーテスト、集団テスト、運動テストを行い、男女各約25人を選出する。所要時間は1グループ約3時間。附属幼稚園からの志願者は考査を免除される。

┃ ペーパーテスト ┃ 筆記用具は鉛筆を使用し、訂正方法は×（バツ印）。出題方法は音声。

1 常　識

・虫捕りに使うものに○をつけましょう。
・あなたが落とした鉛筆をお友達に拾ってもらったら、あなたはどんな顔になりますか。○をつけましょう。

2 数　量

・左端の黒丸と同じ数の積み木を、右から選んで○をつけましょう。

3 話の記憶

「はなこちゃんは、おもちゃを大切にしない女の子です。買ってもらったおもちゃをいつも乱暴に扱って、すぐに壊してしまいます。遊んだ後も、放りっぱなし。今日もお母さんに、『はなこ、遊んだ後はきちんと片づけなさい。また出しっぱなしになっていますよ。おもちゃを大切にしなくてはいけませんよ』と言われましたが、はなこちゃんは全く気にしません。『はーい』と返事だけをして、お外に遊びに行ってしまいました。次の日の朝です。はなこちゃんは、雨の音で目が覚めました。『今日はお外では遊べないなあ』。そう思いながらふと見ると、なんとびっくり。ウサギのぬいぐるみとおもちゃの車が、はなこちゃんと同じくらいの大きさになっているではありませんか。そして、はなこちゃんに気がついたウサギのぬいぐるみが近づいてきて、怒りながら言うのです。『君が乱暴にするから、腕がこんな風になってしまって、痛くてたまらないよ』。おもちゃの車も、『僕のタイヤもとれて、走れなくなってしまったよ。どうしてこんなことをするの』と泣きながら言いました。お母さんにしかられてもいつも平気だったはなこちゃんですが、『ごめんなさい。これからはみんなのことを大切にするわ』と、泣きながら謝りました。外ではまだ雨がしとしと降り続いています」

・次の日の朝のはなこちゃんのお部屋の様子に合う絵に○をつけましょう。

・次の日の朝、お話をしたときのウサギのぬいぐるみやおもちゃの車、はなこちゃんの顔はどのようでしたか。全部がお話と合っている四角に○をつけましょう。

4 推理・思考

・それぞれの段で、左端の形に空いている穴を通り抜けることのできる積み木はどれですか。右から選んで○をつけましょう。

| 集団テスト | 3、4人ずつのグループに分かれて、グループごとに赤、青、黄色の帽子をかぶって行う。 |

行動観察・言語（発表力）

・自分の好きな食べ物を発表する。なぜ好きなのか理由も言う。

・いろいろな道具が描いてある絵を見て、どんな仲よしか、仲よしでないものはどれかなどについてグループで相談する（絵は、安野光雅作・絵　福音館書店刊　「はじめてであう　すうがくの絵本1」の一部より示される）。

身体表現

ジャングルにいるサルがパーティーをしている姿を想像して、自分もサルになったつもりで音楽に合わせて楽しく踊る。

自由遊び

ＤＶＤ鑑賞、折り紙、お絵描きなど、用意されているものを使ったり、体ジャンケンなどをしたりして遊ぶ。

| 運動テスト | 3、4人ずつのグループに分かれて、グループごとに赤、青、黄色の帽子をかぶって行う。 |

ケンケンパー

床の上に置かれたフープに合わせて、ケンケンパーをする。1列に並んで前の人から順に行い、終わった人は列の後ろにつく。「やめ」と言われるまでくり返す。

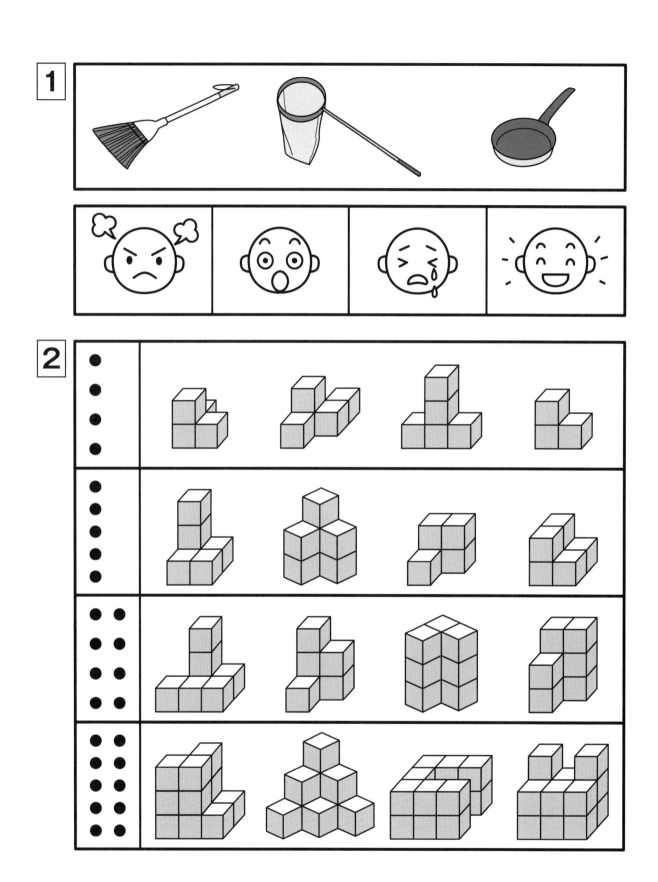

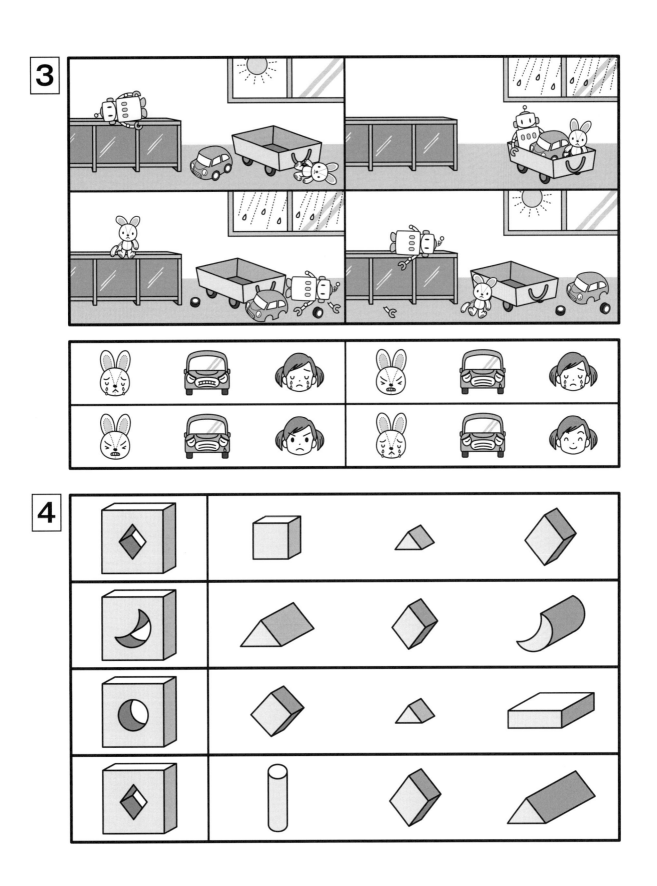

2019　千葉大学教育学部附属小学校入試問題

■ 選抜方法

考査は1日で考査当日に抽選で受験番号を決め、受験番号順に10〜12人単位で誘導される。ペーパーテスト、集団テスト、運動テストを行い、男女各約25人を選出する。所要時間は1グループ約3時間。附属幼稚園からの志願者は考査を免除される。

▌ペーパーテスト

筆記用具は鉛筆を使用し、訂正方法は×（バツ印）。出題方法は音声。

1　常　識

- ・上の段です。首の長い動物に○をつけましょう。
- ・真ん中の段です。もしあなたがお友達の作った砂のお城を壊してしまったら、お友達はどんな顔になりますか。○をつけましょう。
- ・下の段です。木になるものに○をつけましょう。

2　推理・思考・観察力

- ・左端の丸い窓の向こうにある形を、右から選んで○をつけましょう。

3　数　量

四角の中に、生き物の絵がありますね。
- ・上です。2番目に数が多い四角に○をつけましょう。2段ともやりましょう。
- ・下です。3番目に数が多い四角に○をつけましょう。2段ともやりましょう。

4　話の記憶

「今日はおばあちゃんのお誕生日です。森の真ん中に住んでいるゆう君は、お母さんから『寒がりのおばあちゃんに、プレゼントを届けてくれるかしら』と頼まれたので、お出かけの準備をしました。プレゼントは水玉模様のマフラーです。手提げ袋に大事に入れて、山のてっぺんに住んでいるおばあちゃんのお家に向かって出発しました。しばらく歩いていくと、大きな川がありました。川には橋が架かっていません。ゆう君が困っていると、そこにカメがやって来ました。ゆう君が向こう岸に渡れなくて困っていることを話すと、カメは『僕の甲羅に乗ればいいよ』と言って、ゆう君を甲羅に乗せて向こう岸に渡してくれました」

・1段目です。おばあちゃんのお家はどこにありましたか。合う絵に○をつけましょう。
・2段目です。ゆう君はどのように川を渡りましたか。合う絵に○をつけましょう。

「しばらく歩いていくと大きな岩が道の真ん中にあり、ゆう君は先に進むことができなくなりました。困っていると、そこにゾウがやって来ました。困っているゆう君を見ると、ゾウは長い鼻で大きな岩をどかしてくれました。『ありがとう』とお礼を言って、ゆう君はまた歩いていきました」

・3段目です。岩をどかしてくれた動物は何でしたか。合う絵に○をつけましょう。

「もうすぐ、おばあちゃんのお家です。そのとき突然強い風が吹いてきて、プレゼントの入った大事な手提げ袋が高く舞い上がり、木の枝に引っかかってしまいました。そこにキリンがやって来ました。困っているゆう君を見ると、キリンは長い首を使って木の上の手提げ袋を取ってくれました。『ありがとう』とゆう君はキリンにお礼を言いました。そして無事におばあちゃんのお家に着くと、『お誕生日おめでとう』と言って、おばあちゃんにプレゼントのマフラーを渡しました」

・4段目です。木に引っかかった手提げ袋はどうやって取りましたか。合う絵に○をつけましょう。
・5段目です。プレゼントの入った手提げ袋が風で飛んでいったときと手提げ袋が戻ってきたときでは、ゆう君の顔はどのように変わりましたか。合う絵に○をつけましょう。
・6段目です。おばあちゃんへのプレゼントは何ですか。合う絵に○をつけましょう。

集団テスト

3、4人ずつのグループに分かれて、グループごとに赤、青、黄色の帽子をかぶって行う。

指示行動

・テスターと同じように赤白の旗を両手に1つずつ持ち、指示通りに上げ下げする。
・テスターがかけ声をかけたとき、音楽が流れていたら手をたたき、音楽が流れていなければ手を挙げる。

身体表現・歌

・ウサギ、ゾウ、カニ、ツバメが描かれた絵カードが用意されている。グループごとに、どの絵カードの生き物のまねをするか相談して決め、指示されたところにその絵カードを置く。「やめ」と言われるまでみんなでそのまねをする。

・好きな歌の名前を発表して、歌う。

🔲 行動観察

用意されている紙コップを、グループのお友達と仲よく積み上げる。「やめ」と言われたら片づける。

🔲 自由遊び

ＤＶＤ鑑賞、折り紙、お絵描きなど、用意されているもので遊ぶ。

🔲 生活習慣

ふきんを巾着袋の中にしまう。

▌ 運動テスト　▌ グループごとに四角の枠の中に体操座りをして待つ。

🔲 縄跳び

テスターと同じ跳び方で、「やめ」と言われるまで縄跳びをする。終わったら、テスターが取りやすいように縄跳びの縄を置く。

🔲 片足バランス

その場で片足バランスをする。

1

2

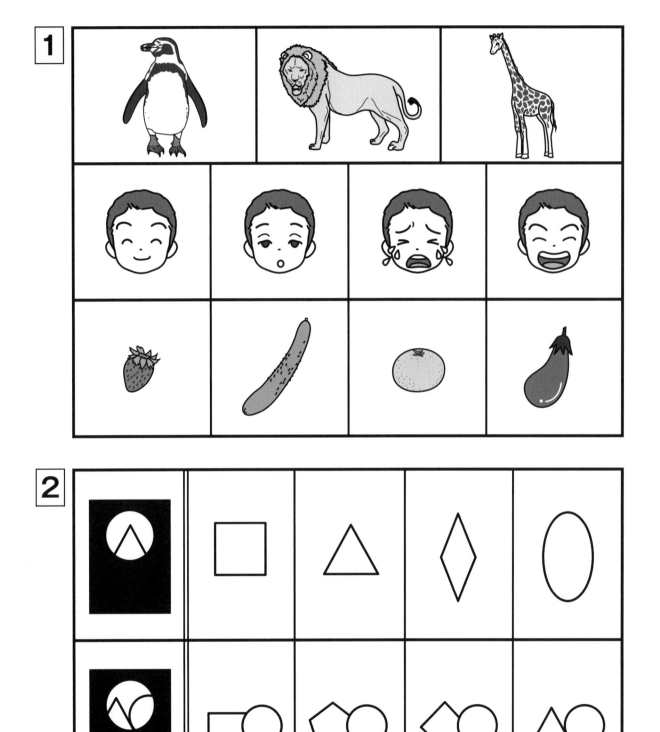

3

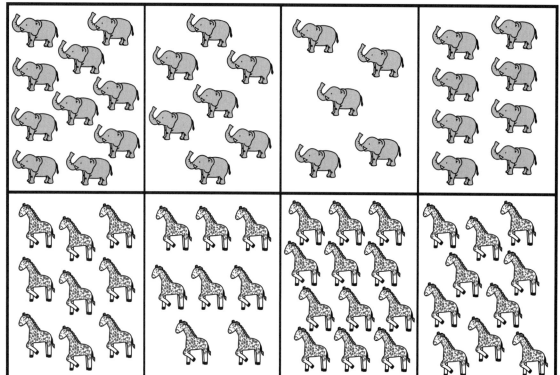

4

2018 千葉大学教育学部附属小学校入試問題

選抜方法

考査は1日で考査当日に抽選で受験番号を決め、受験番号順に11人単位で誘導される。ペーパーテスト、集団テスト、運動テストを行い、男女各約25人を選出する。所要時間は1グループ約3時間30分。附属幼稚園からの志願者は考査を免除される。

ペーパーテスト | 筆記用具は鉛筆を使用し、訂正方法は×（バツ印）。出題方法は音声。

1 常　識

・海にすむ動物に○をつけましょう。

・いけないことをしている子に○をつけましょう。

・春のお花に○をつけましょう。

・靴を脱いだ後の正しい様子に○をつけましょう。

2 系列完成

・左端の四角の中の黒い部分に入るものを右から選んで○をつけましょう。

3 推理・思考（重ね図形）

・左の絵は透き通った紙にかいてあります。点線で折って矢印の向きにパタンと重ねるとどのようになりますか。右から選んで○をつけましょう。

4 話の記憶

「森にすむキツネのコンタ君はひとりぼっち。お友達がいなくて、いつも大きな木にもたれかかって寝ています。『今日は僕のお誕生日なのに、誰も遊びに来てくれないな』。ハラハラと落ちてくるきれいな色の葉っぱを見ながらそうため息をつくと、コンタ君はまた寝てしまいました。それを見ていたスズメさんは、クマ君のところに行きました。クマ君はお家で本を読んでいるところでした。『クマ君、こんにちは。今日はコンタ君のお誕生日よ。一緒にお祝いに行かない？』『いいよ。でもプレゼントは何がいいかな』。スズメさんとクマ君は相談して、ドングリとマツボックリを持ってコンタ君のところへ行くことにしました」

・お話の中の、コンタ君の最初の様子に合う絵に○をつけましょう。

・スズメさんがクマ君のところへ行ったとき、クマ君は何をしていましたか。合う絵に○
　をつけましょう。

「『コンタ君、お誕生日おめでとう』。スズメさんとクマ君はそう言って、コンタ君にプレ
ゼントを渡しました。『わあ、ドングリとマツボックリだ。ありがとう』。いつも寂しかっ
たコンタ君は大喜びです。3匹一緒にドングリとマツボックリをつなげて丸くし、すてき
な飾りを作って遊びました」

・今のお話に合う絵に○をつけましょう。

集団テスト

3、4人ずつのグループに分かれて、グループごとに赤、青、黄色の帽子
をかぶって行う。

身体表現

・好きなスポーツをしているまねをする。
・笑った顔、泣いた顔、怒った顔をする。

行動観察

グループで相談して、用意されているトランプで自由に遊ぶ。

自由遊び

ＤＶＤ鑑賞、折り紙、お絵描きなどの用意されているものや、体ジャンケンなどをして遊
ぶ。

運動テスト

スキップ

音に合わせて、その場でスキップをする。

模倣体操

声に合わせて、その場でケンケングーパーをくり返す。

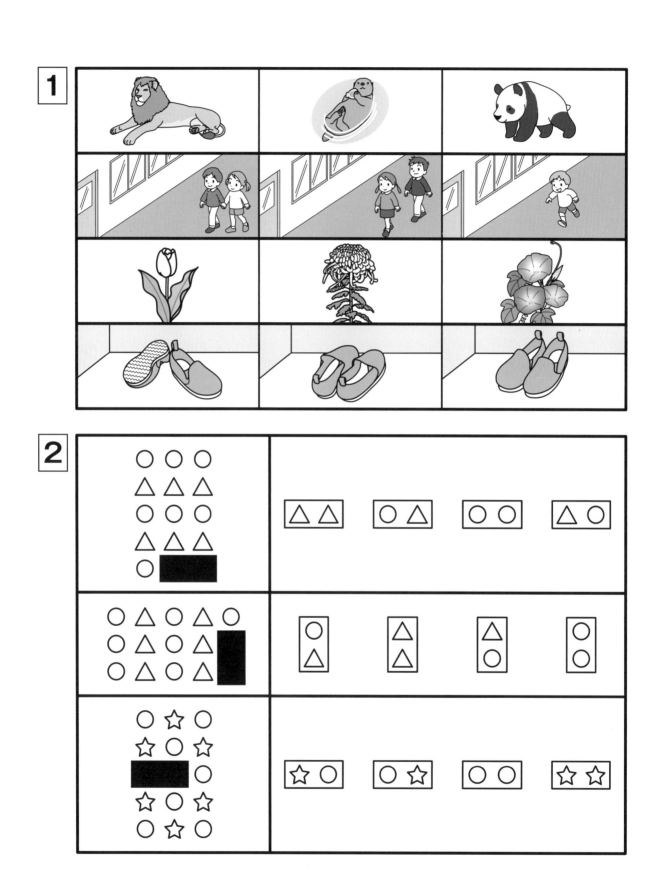

3

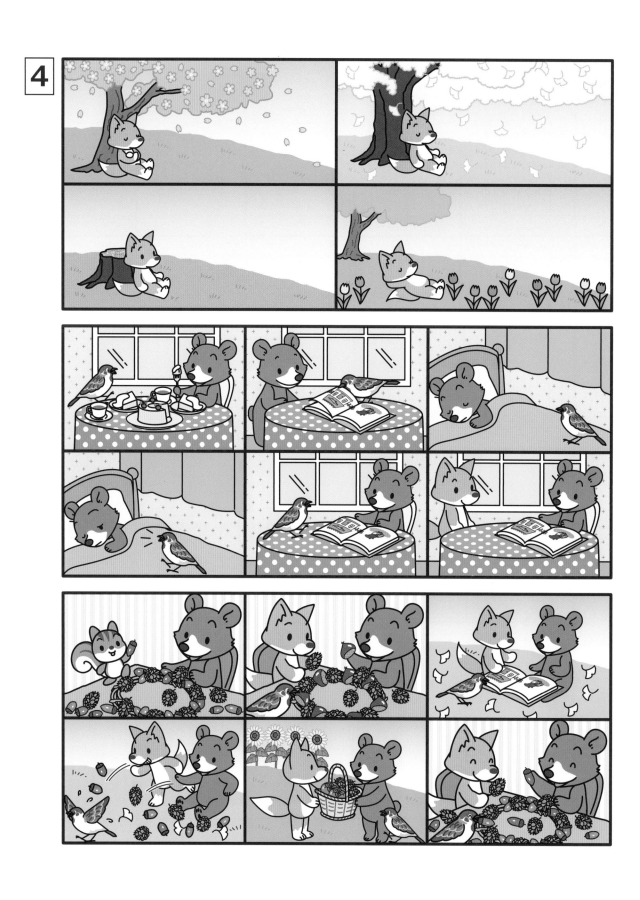

2017 千葉大学教育学部附属小学校入試問題

_{section}

■ 選抜方法

考査は1日で考査当日に抽選で受験番号を決め、受験番号順に10～12人単位で誘導される。ペーパーテスト、集団テスト、運動テストを行い、男女各約20人を選出する。所要時間は1グループ約3時間30分。附属幼稚園からの志願者は考査を免除される。

┃ ペーパーテスト ┃ 筆記用具は鉛筆を使用し、訂正方法は×（バツ印）。出題方法は音声。

1 常　識

・雨のときに使う道具に○をつけましょう。

・食事のときの正しい様子の絵に○をつけましょう。

・正しいことをしている様子の絵に○をつけましょう。

2 数　量

・左端のお手本と同じ数にするには、そのすぐ隣の四角と、右側の3つのうちどの四角を合わせればよいでしょうか。合う四角に○をつけましょう。

3 推理・思考

・左のローラーを矢印の向きに回転させるとどのような模様になりますか。合う絵に○をつけましょう。（実際にローラーを使ってどのように写るか確認してから行う）

4 話の記憶

「ドン君は遊ぶのが大好きなゾウの男の子です。ある朝、にぎやかなセミの鳴き声で起きると、ドン君はお外に遊びに行こうと思いました。『そうだ、森へ行ってお友達を探そう』とお外を歩いていると、それはそれは大きな木の実を一生懸命押して運ぼうとしているリス君に会いました。『なんだ、リス君はこんなものも持てないのかい。僕には簡単だよ』と言って、ドン君は長い鼻で木の実を5個持ち上げました。そしてそのまま帰って、木の実をお家のお庭に置きました」

・今のお話に合う絵に○をつけましょう。

「次の日の朝です。ドン君が目を覚ますと、大きな大きなベッドの中にいました。びっく

りしてあたりを見回すとお部屋も広くなっていて、天井もとても高いのです。びっくりして、いつもごはんを食べている部屋に行くと、テーブルやいすもとても大きくなっていました。ドン君はお外に出てみました。お庭にはヒマワリが元気よく咲いていました。昨日持って帰ってきた木の実も大きくなっています。なんと、ドン君の体が小さくなっていたのです。小さくなったドン君は木の実を長い鼻で押してみましたが、まったく動きません。今度は足を踏ん張ってグッと押してみましたが、やっぱり動きません。そこへリス君が通りかかりました。『ドン君、どうしたの？』とリス君が聞くと、『僕、小さくなってしまったの。木の実が全然動かなくて運べないんだ』とドン君は泣きそうです。リス君はウサギさんとネズミさんを呼んできて、みんなで力を合わせて木の実を運びました。『みんな、ありがとう』。ドン君はお礼を言いました。へとへとに疲れたドン君はその夜、ベッドの中でぐっすり眠りました。次の朝、目が覚めるとベッドが大きくありません。不思議に思ったドン君はごはんを食べる部屋に行ってみましたが、テーブルもいすもいつもの大きさでした。ドン君は、元の大きさに戻ったのです。『よーし、これで何でもできるぞ』と、お友達を探しに元気よくお外に出かけていきました」

・お話の順番通りになっている段に○をつけましょう。

集団テスト

◼ 生活習慣

ハンカチ（タオル）をたたんで巾着に入れる。

◼ 身体表現

好きな動物の名前を言い、その動物のまねをする。

◼ 言　語

「朝ごはんは何を食べてきましたか」「好きな食べ物は何ですか」「好きな動物は何ですか」などの質問に、挙手をして指名された子が答える。

◼ 行動観察

4人ずつのグループに分かれて、お友達と協力して用意されている6個の段ボール箱を積み上げてタワーを作る。

◼ 自由遊び

DVD鑑賞、折り紙、体ジャンケン、塗り絵のコーナーがあり、グループごとにすべての

コーナーを指示された順番に回って遊ぶ。一巡した後は、好きなコーナーで自由に遊ぶ。

運動テスト

ジャンプ

床の上の縄を踏まないように、「やめ」と言われるまで両足をそろえて左右に跳び越え続ける。

片足バランス

「やめ」と言われるまで片足バランスをする。

3

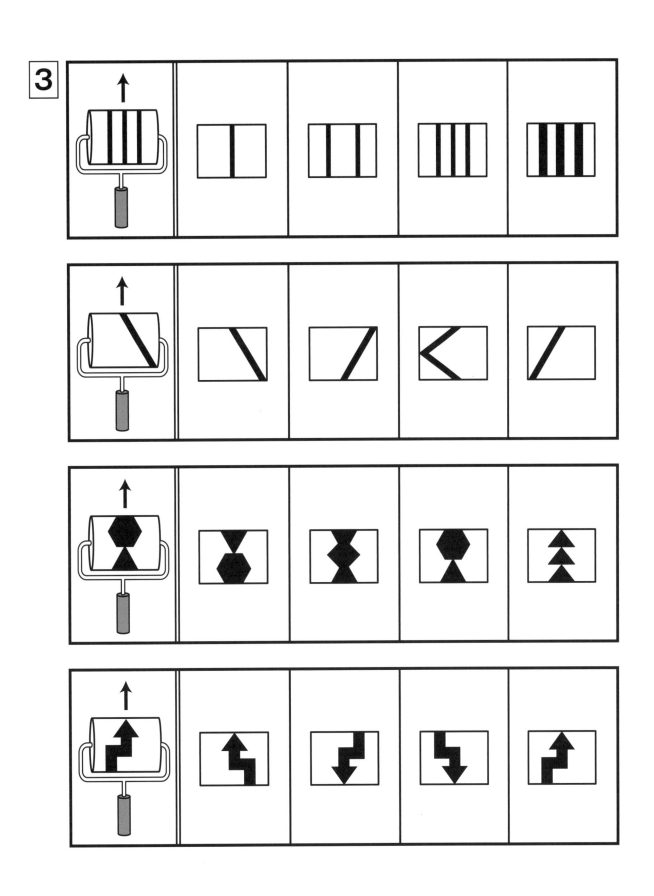

section 2016 千葉大学教育学部附属小学校入試問題

■ 選抜方法

考査は1日で考査当日に抽選で受験番号を決め、受験番号順に10〜12人単位で誘導される。ペーパーテスト、集団テスト、運動テストを行い、男女各約20人を選出する。所要時間は1グループ約1時間30分。附属幼稚園からの志願者は考査を免除される。

┃ ペーパーテスト ┃ 筆記用具は鉛筆を使用し、訂正方法は×（バツ印）。出題方法は音声。

1 常識（生活）

・お料理をするときに使うものに○をつけましょう。

2 常識

・上の段です。お部屋にいるときに地震が起こりました。どうすればよいでしょうか。正しいと思う絵に○をつけましょう。

・真ん中の段です。横断歩道はどのように渡ればよいと思いますか。正しいと思う絵に○をつけましょう。

・下の段です。自分が1人でしてもよいと思うことの絵に○をつけましょう。

3 推理・思考（重さ比べ）

・点線の左の絵がお約束です。では、すぐ隣のシーソーがつり合うようにするには、シーソーの右側にあといくつ果物を載せればよいですか。その数の果物が描かれている四角を選んで○をつけましょう。

4 構成・観察力

・左端の形を全部使ってできる形を右から選んで○をつけましょう。

5 話の記憶

「ウサギのミミコちゃんは、お母さんにおじいちゃんのお家までお使いを頼まれました。お母さんは『魚とクリとブドウを届けてね。魚は3匹このカゴに入っているわ。クリ3個とブドウ1房はこの袋の中に入っているからね』と言って、ミミコちゃんにカゴと袋を渡しました。ミミコちゃんがおじいちゃんのお家に向かって歩いていると、いたずらカラスがやって来てミミコちゃんの耳をツンツンとつつきました。ミミコちゃんは『きゃ！』と、

びっくりしました。するとそのすきにいたずらカラスが、ミミコちゃんの袋を持っていってしまいました」

・おじいちゃんのお家に向かうときのミミコちゃんに○をつけましょう。

「そのまま歩いていたら、途中で泣いているクマさんに会いました。ミミコちゃんが『どうしたの？』と聞いたら、泣きながら『おなかがすいたの』と言うので、持っていた魚を全部あげました」

・今、ミミコちゃんとクマさんは何を持っていますか。それぞれの持っているものが上と下に正しく描いてある四角に○をつけましょう。何も持っていないときは、顔だけが描いてあります。

「仕方がないのでミミコちゃんはおじいちゃんのお家に行き、今までのことをお話ししました。するとそこに『トントン』とドアをたたく音がしました。開けてみるといたずらカラスとクマさんがいました。クマさんは『さっきはありがとう』と言って、食べなかった魚を1匹返してくれました。いたずらカラスは『さっきはごめんね。入っていたものは食べてしまったんだ』と言って、袋を返してくれました。その袋をおじいちゃんが開けると、中にはマフラーが入っていました。おじいちゃんはいたずらカラスに『ありがとう』と言いました」

・お話の順番通りになっている段に○をつけましょう。

集団テスト | 3、4人ずつのグループに分かれて行う。

◪ 生活習慣

課題を行う前に帽子をかぶる。

◪ 巧緻性

さまざまな形や大きさのビーズ10個と1本のひもが入った箱が1人ずつに用意されている。「やめ」と言われるまでひもにビーズを通す。終わったらひもからビーズを外す。

◪ 行動観察

・グループごとに積み木とお手本の写真が用意されている。お手本の写真を見ながら、お友達と協力してお城を作る。

・紙芝居やＤＶＤを観たり、お絵描きや折り紙をしたりして過ごす。その間、「何を描いていますか」「何を作っていますか」などと質問される。

運動テスト ┃ 3、4人ずつのグループに分かれて行う。

🔲 模倣体操

腕を動かして、クロールや平泳ぎなど泳ぐまねをする。

🔲 リズム

・テスターの手拍子に合わせて、リズムよく足でグーチョキパーをする。
・太鼓の音に合わせて好きなように踊る。

1

2

3

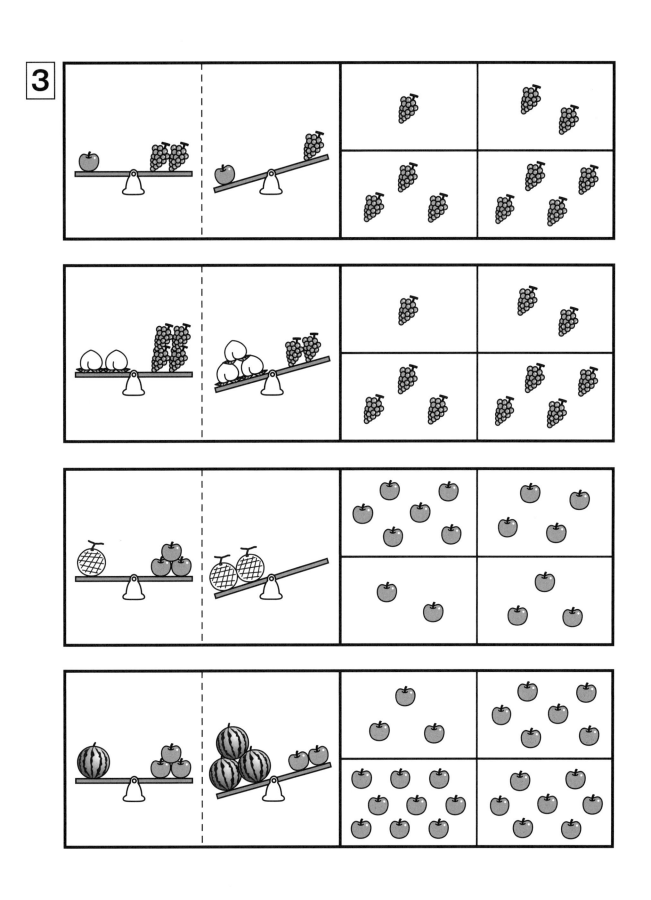

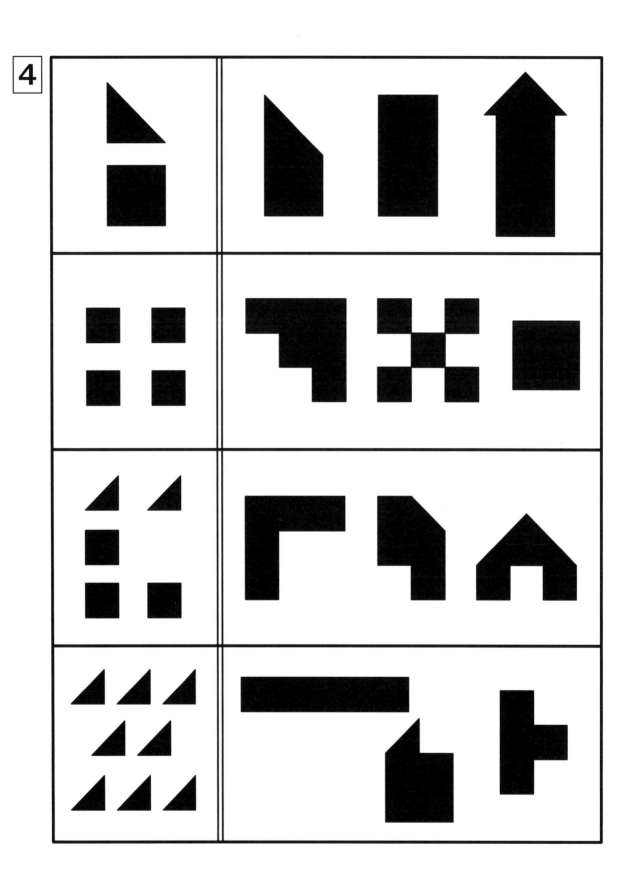

section
2015　千葉大学教育学部附属小学校入試問題

■ 選抜方法

考査は1日で考査当日に抽選で受験番号を決め、受験番号順に10〜12人単位で誘導される。ペーパーテスト、集団テスト、運動テストを行い、男女各約20人を選出する。所要時間は1グループ約1時間30分。附属幼稚園からの志願者は考査を免除される。

▌ペーパーテスト ▌ 筆記用具は鉛筆を使用し、訂正方法は×（バツ印）。出題方法はテープ。

1 話の記憶

「たろう君がはなこちゃんのお家に『一緒に公園へ遊びに行こう』と誘いに来ました。2人は手をつないで楽しくお話をしながら公園へ行きました」

・1段目です。公園に行ったときの絵に○をつけましょう。

「最初に、たろう君とはなこちゃんは公園に入ってすぐのところにあるシーソーで遊びました。次に大きな木のそばのブランコで遊びました。はなこちゃんがすべり台で遊んでいるとトンボが目の前を飛んでいきました。はなこちゃんはトンボを追いかけていきました」

・2段目です。2人が遊んでいる公園の絵に○をつけましょう。

「トンボを追いかけていったはなこちゃんは不思議なものを見つけました。何だろうと思い、たろう君を呼びました。それは細いマツボックリでした。たろう君は『お母さんへのお土産にしよう』と言って1つポケットに入れました。はなこちゃんは『わたしはドングリにするわ』と、そばにあったドングリをたくさん拾ってお家へ帰りました」

・3段目です。2人がお母さんへのお土産にしたものに○をつけましょう。
・下の3つの段のうち、お話の中で2人がしたことが正しい順番に並んでいる段に○をつけましょう。

2 常識（生活）

・紙を切るものに○をつけましょう。

3 数　量

・左の黒丸と同じ数の積み木でできているものを右側から探して○をつけましょう。

4 常　識

・冬に咲く花を上の四角から選んで○をつけましょう。
・真ん中の段です。道路を渡ろうと思います。正しく渡っている絵を選んで○をつけましょう。
・下の段です。ぞうきんを絞っています。正しい絞り方の絵を選んで○をつけましょう。

5 推理・思考（四方図）

・左の積み木を上から見た形を右から選んで○をつけましょう。

6 推理・思考（重ね図形）

・左の2つの絵は透き通った紙にかいてあります。矢印の向きにパタンと重ねるとどのような形になりますか。右から選んで○をつけましょう。

集団テスト

生活習慣

・タオル（ハンカチ）をたたんで箱に入れる。
・縄跳びをかた結びする。

行動観察

・4人ずつのグループに分かれて、お友達と協力して1つのパズルを完成させる。
・DVDを観たり、お絵描きをしたり、折り紙を折ったりする。

運動テスト

4人ずつのグループに分かれて行う。

縄跳び

縄跳びを「やめ」と言われるまで跳び続ける。

機敏性

4つのお手玉を1つずつ、離れた箱まで走って入れる。（入れる箱は一人ひとり異なる）

1

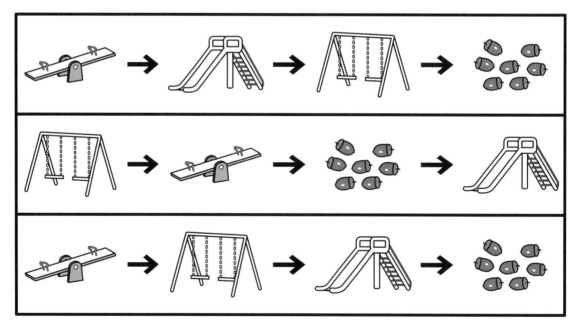

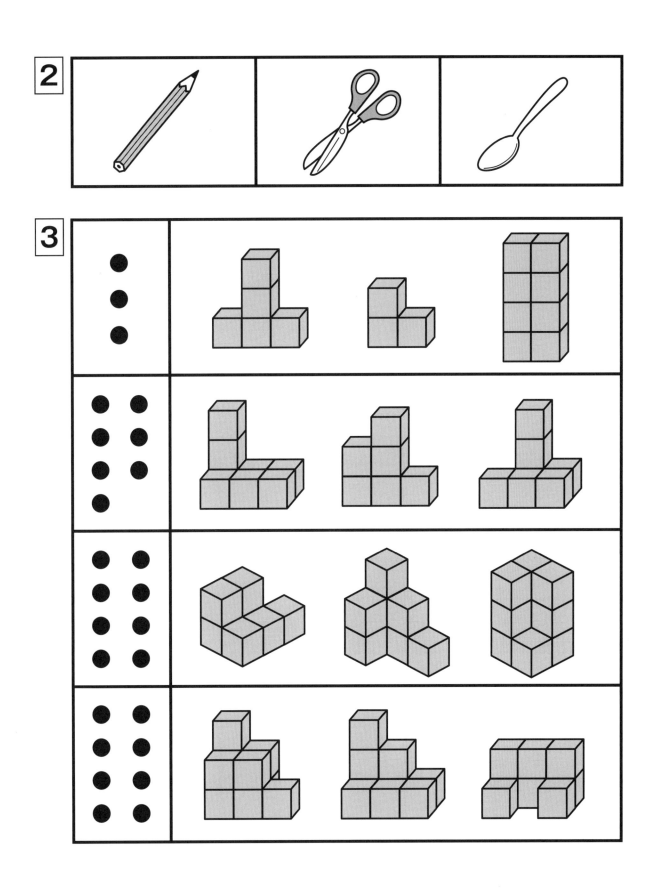

4

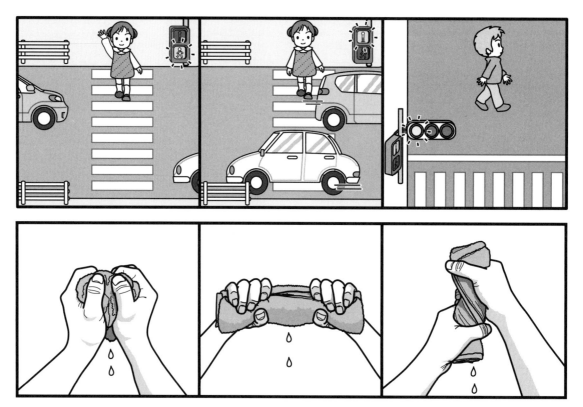

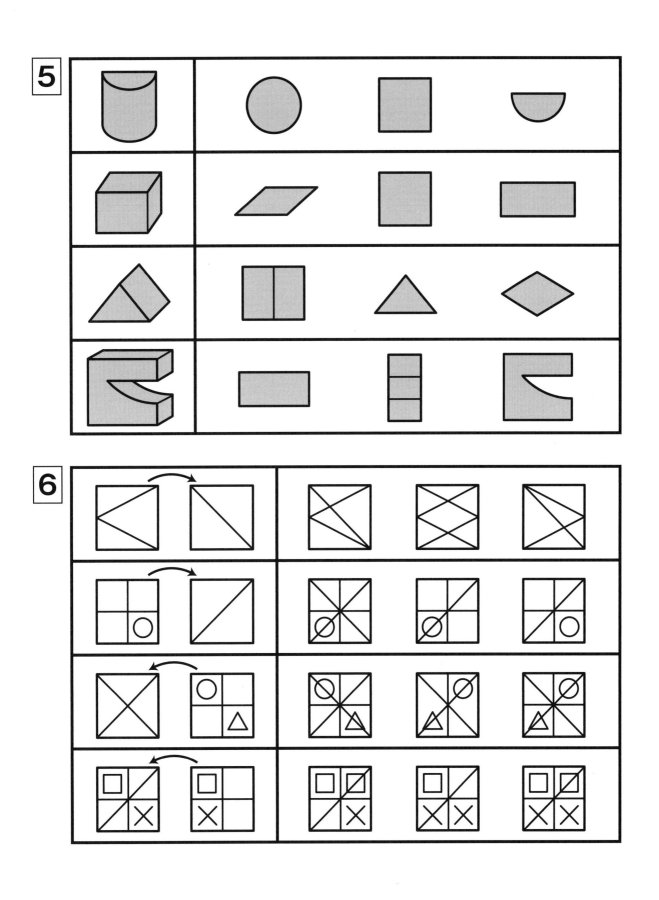

section 2014 千葉大学教育学部附属小学校入試問題

■ 選抜方法

考査は1日で考査当日に抽選で受験番号を決め、受験番号順に10〜12人単位で誘導される。ペーパーテスト、集団テスト、運動テストを行い、男女各約20人を選出する。所要時間は1グループ約1時間30分。附属幼稚園からの志願者は考査を免除される。

┃ ペーパーテスト ┃ 筆記用具は鉛筆を使用し、訂正方法は×（バツ印）。出題方法はテープ。

1 話の記憶

「昔々、あるところにおじいさんとおばあさんが住んでいました。おじいさんのお家の横には大きな木と畑があります。畑ではダイコンやネギを一生懸命育てていました。ある日おじいさんが畑に行ってみると、大切に育てた野菜がなくなっていてびっくりしました。『誰が野菜をとったんだろう』。おじいさんはカンカンです。おじいさんは正体を確かめようと畑の木のそばで網と棒と縄を持って、隠れて見張ることにしました」

・リンゴの段です。おじいさんとおばあさんが住んでいるお家に○をつけましょう。
・ブドウの段です。畑で育てている野菜に○をつけましょう。
・モモの段です。（「花咲かじいさん」の曲が流れる）曲と合う絵に○をつけましょう。

「しばらくすると、キツネが畑にやって来ました。おじいさんは網を投げてキツネを捕まえ、動けないよう縄で足を縛りました。おじいさんが『どうしておまえは野菜をとったんだい』とたずねると、キツネは『実は森のほら穴におなかをすかせた家族がいます。だから、野菜をとってしまいました。どうか許してください』と言って謝りました。かわいそうに思ったおじいさんはキツネの家族をお家に呼び、野菜で作ったおいしいお料理をごちそうすることにしました。キツネの家族は大喜びです。おじいさんもみんなで食べる野菜はいつもよりおいしく感じました」

・バナナの段です。おじいさんがキツネを捕まえた道具に○をつけましょう。
・イチゴの段です。キツネがすんでいるところに○をつけましょう。
・メロンの段です。お話の中でおじいさんの顔はどのように変わっていったと思いますか。お話に合う絵に○をつけましょう。

2 常　識

・上の段です。空を飛ぶ生き物に○をつけましょう。
・下の段です。駅から出発するものはどれですか。○をつけましょう。

3 系列完成

・左端の黒い部分に入るものを右から選んで○をつけましょう。

4 推理・思考

・左端の絵を見ましょう。真ん中に穴の開いている積み木があります。ここにピッタリはまる積み木を右側から探して○をつけましょう。

集団テスト
赤・青・黄色の帽子をかぶりグループに分かれて行う。

生活習慣・指示行動

・箱の中にスポンジが入っている。紙皿とおはしが用意されている。「ヨーイ、スタート」の合図でおはしを使ってお皿にスポンジを入れる。
・スキップで指示されたところまで行き、シャツをたたむ。

行動観察

・小さなフープ2つと縄跳び、お手玉が用意されている。みんなで相談して仲よく遊ぶ。
・紙芝居を聴いたり、DVDを観たり、折り紙を折ったりする。

運動テスト

模倣体操・身体表現

・テスターのまねをしてツルのポーズ（両手を上げて手のひらを下に向け片足で立つ）をする。
・自分で考えてサルのポーズをする。

【ツルのポーズ】

腹　筋

起き上がりこぼし（3回1セット）を2回行う。

◨ スキップ

ライン上をスキップする。

◨ 指示行動

指示に合わせ、しゃがんでグー、手を前で交差させて
チョキ、両手足を広げてパーの、体ジャンケンのポー
ズをする。

【体ジャンケン】

グー　チョキ　パー

1

2

3

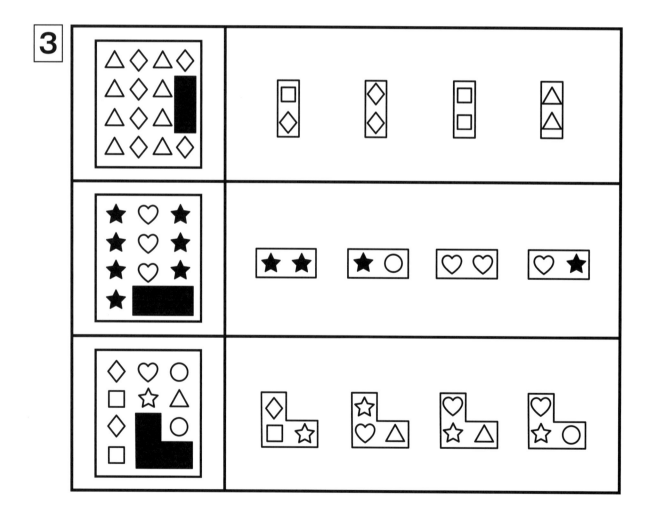

4

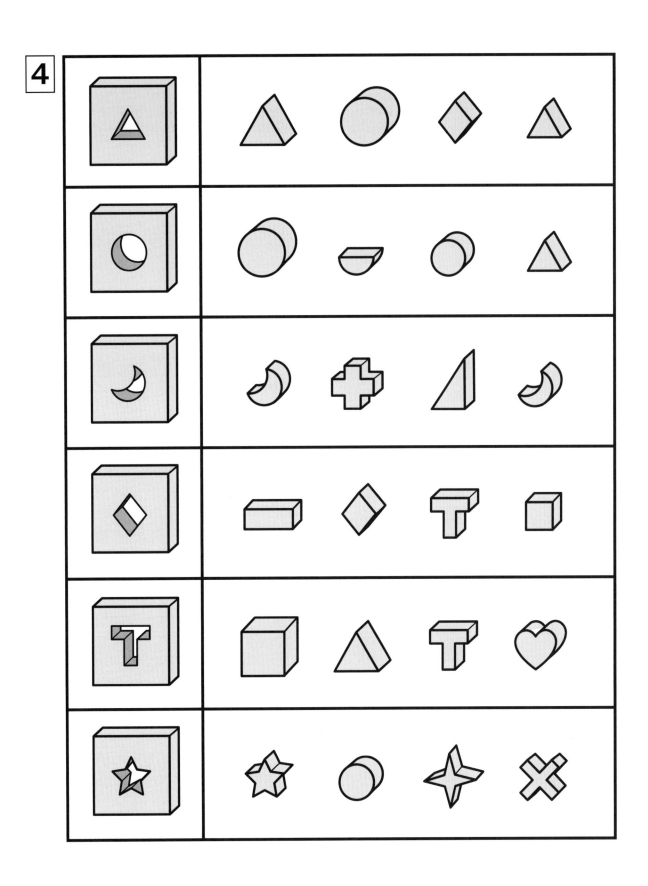

千葉大学教育学部附属小学校
入試シミュレーション

千葉大学教育学部附属小学校入試シミュレーション

1 話の記憶

「今日はたくさんの家族が参加して、自分たちの住む町をきれいにする町内の大掃除の日です。まゆさんの家族のお父さん、お母さん、弟のけんた君はとても張り切っています。まゆさんの家族は公園のお掃除をすることになりました。いつも遊んでいる公園をぐるりと見回してみると、汚れているところや落ちているゴミはありません。『ここはきれいだからお掃除をしなくてよさそうね』とまゆさんが言うと、お父さんが『ゴミ箱の中のゴミを見てごらん』と言うので、まゆさんはゴミ箱をのぞいてみました。すると『これはいけないわね。燃えるゴミと燃えないゴミが一緒になってしまっているわ』とまゆさんは気がつきました。そこで、まゆさんの家族はゴミの分別をすることにしました」

- 1段目です。「燃えるゴミ」と書かれたゴミ箱に入っていてはいけないものを選んで✕をつけましょう。
- 2段目です。まゆさんの家族の絵に◯をつけましょう。

「大掃除が終わると、まゆさんの住む町はピカピカです。『わー、本当にきれいになった』とまゆさんとけんた君は大喜びです。2人はさっそく、公園のジャングルジムで遊び始めました。ほかにもブランコやすべり台があります。2人は楽しそうに走り回ったり、シーソーに乗ったりと大はしゃぎです。やがて夕方になると、一緒に遊んでいたお友達も少しずつ帰っていきました。ちょうどそこへ、お母さんがお買い物の袋を持って迎えに来ました。『今日の夕食はみんなが好きなハンバーグよ。お家に着いたら夕食の準備を手伝ってね』と言われたので、まゆさんとけんた君は『ヤッター』と言って、お手伝いを楽しみにしながらお家に帰りました」

- 3段目です。きれいになった公園はどれでしたか。公園にあったものを思い出して、その絵に◯をつけましょう。
- 4段目です。公園から帰って、お手伝いをする前にすることの絵に◯をつけましょう。

2 数 量

- 上の絵の中で、アメとチョコレートの数はいくつ違いますか。その数だけアメとチョコレートの横の長四角に◯をかきましょう。
- クッキーを1枚ずつ分けると3枚足りません。お友達は何人いると思いますか。その数だけ女の子の横の長四角に◯をかきましょう。
- アメを2人のお友達で仲よく分けるとすると、いくつずつ分けられますか。その数だけ

　　　　2人の男の子の横の長四角に○をかきましょう。

3 　数量（進み方）

・男の子がくじを引きます。魚の絵が出ると4つ進むことができ、それ以外の動物の絵が出ると魚のときの半分しか進めません。上の男の子も下の男の子も、それぞれ3回くじを引きました。出た絵は上に描いてあります。男の子はそれぞれどこまで進むことができますか。その場所に○をかきましょう。

4 　常　識

・上の段です。クマはどちらですか。クマに○をつけましょう。
・下の段です。3つの絵の中で卵を産まない生き物に○をつけましょう。

5 　常　識

・上の段です。キャベツはどちらですか。キャベツに○をつけましょう。
・下の段です。4つの絵の中で野菜に○をつけましょう。

6 　常　識

・土の中でできる野菜に○をつけましょう。

7 　常識（交通道徳）

・電車の優先席にはどういう人が座るとよいと思いますか。○をつけましょう。

8 　常識・言語

・リンゴの段です。触ると温かいものに○をつけましょう。
・メロンの段です。触ると硬いものに○をつけましょう。
・ミカンの段です。ジュージューという音に合う絵に○をつけましょう。
・ブドウの段です。はいている絵に○をつけましょう。
・バナナの段です。はいている絵に○をつけましょう。

9 　推理・思考（重さ比べ）

・上の絵のように、ドーナツ1つとアメ3つは同じ重さでつり合います。それぞれの空いている四角には、いくつアメがあればつり合いますか。その数だけ○をかきましょう。

10 　推理・思考

・左端の形の上に黒い紙を載せたときの絵として、正しい絵はどれですか。右側から選んで○をつけましょう。

11 推理・思考（対称図形）

・折り紙を折って黒いところを切って開いたときの正しい絵を、右から選んで○をつけましょう。

12 系列完成

・いろいろな印が決まりよく並んでいます。黒いところに入るものを、それぞれすぐ下から選んで○をつけましょう。

13 構　成

・左の形をすべて使って作れないものを、右から選んで○をつけましょう。

1

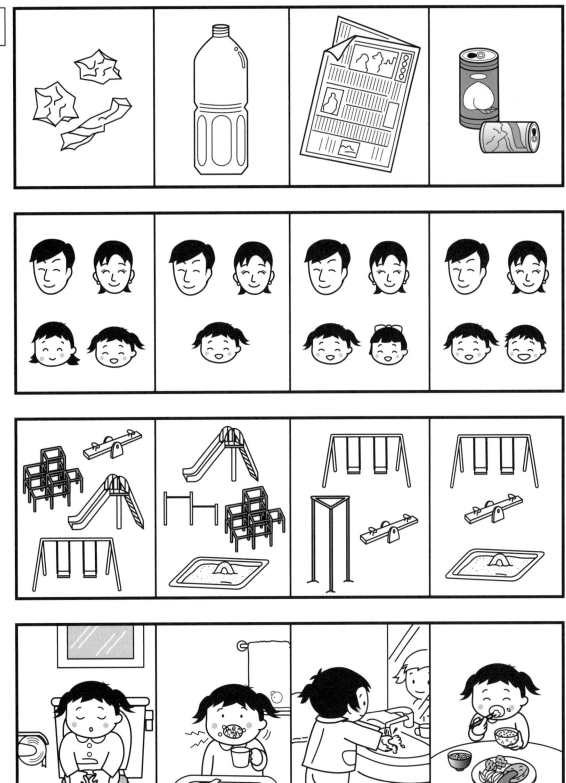

2

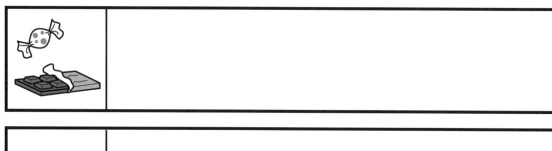

3

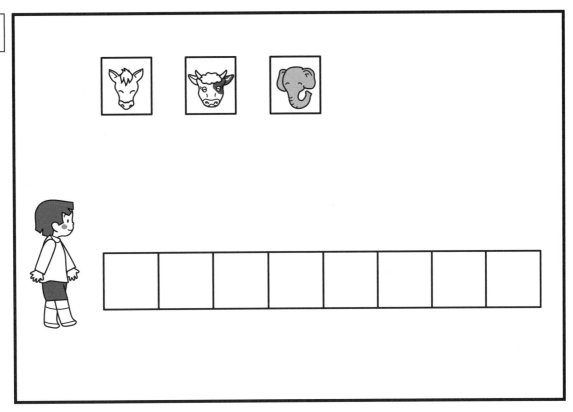

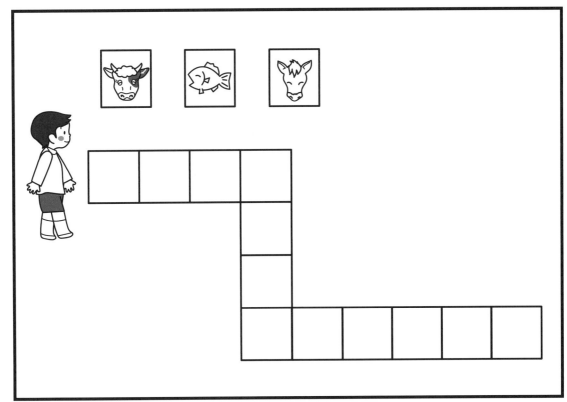

4

5

6

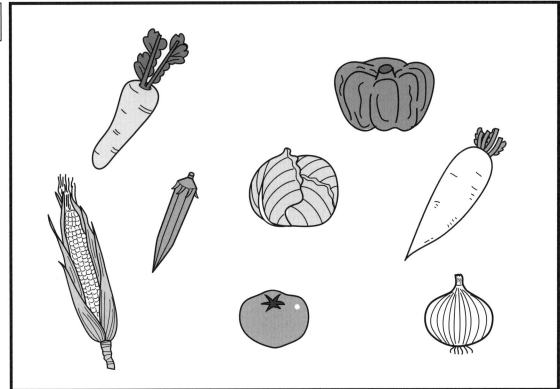

7

9

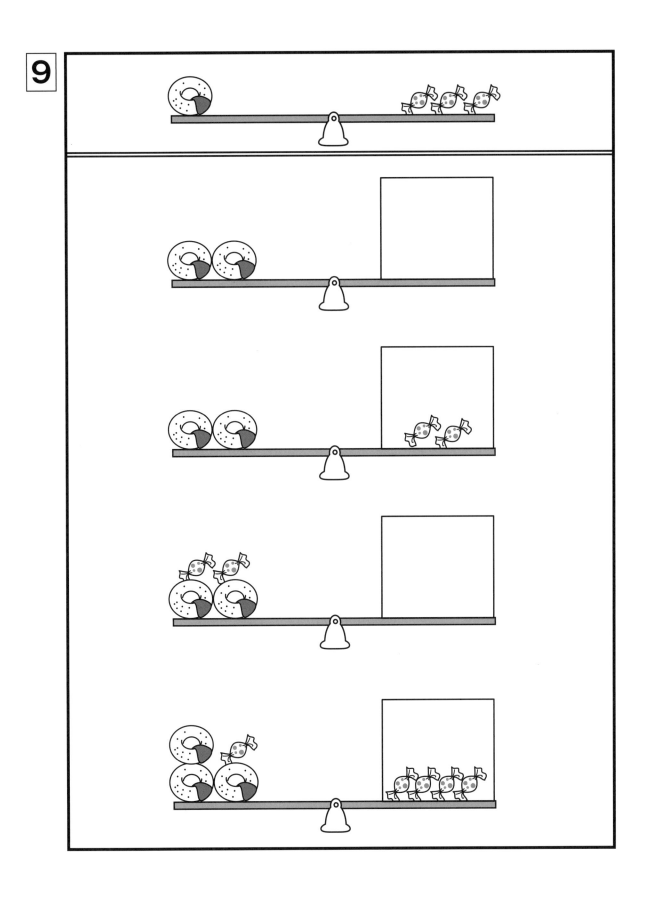

10

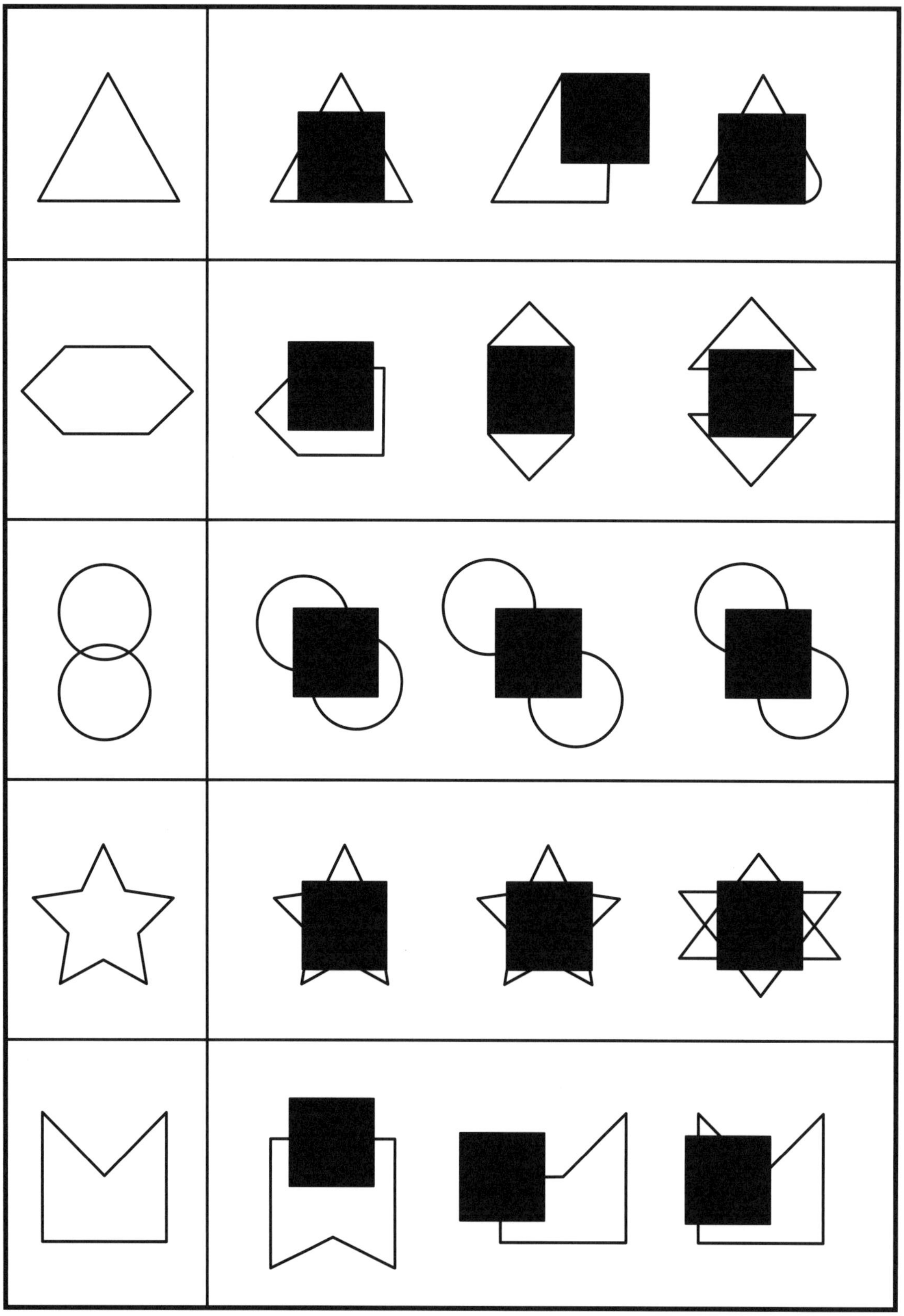

11

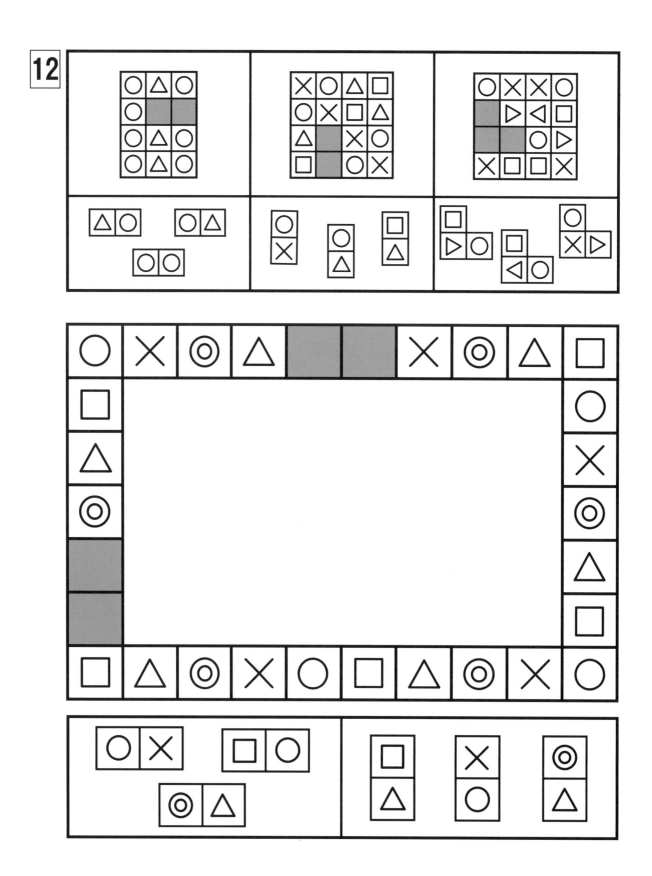

13

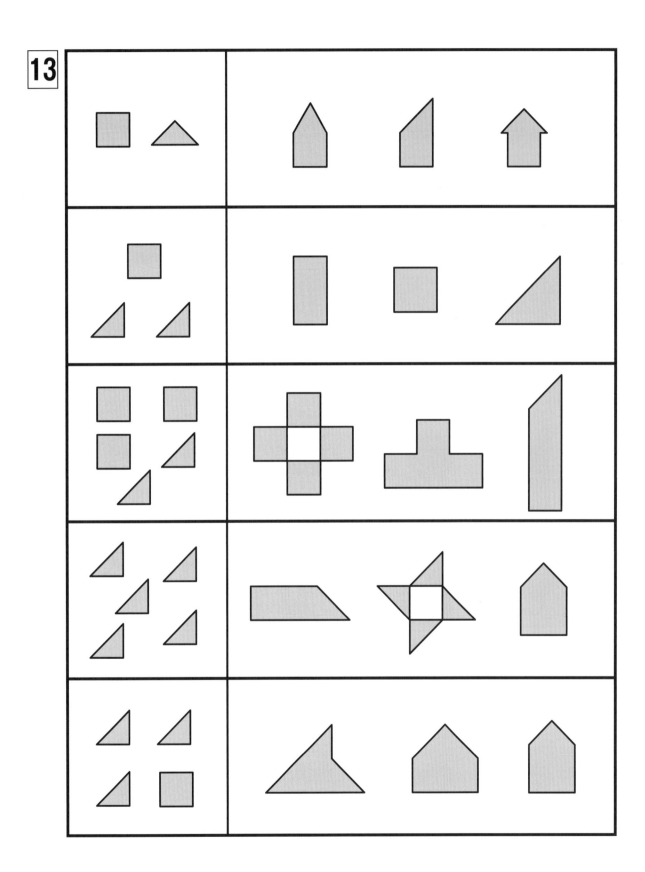

[過去問]　2024

千葉大学教育学部附属小学校 入試問題集
解答例

✳ **解答例の注意**

この解答例集では、ペーパーテスト、集団テストの中にある□数字がついた問題、入試シミュレーション
の解答例を掲載しています。それ以外の問題の解答はすべて省略していますので、それぞれのご家庭でお
考えください。

入試シミュレーションの
解答例もあります！

© 2006 studio*zucca

Shinga-kai

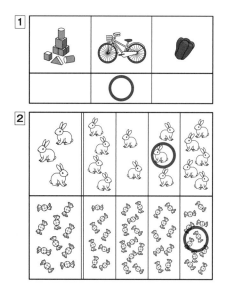

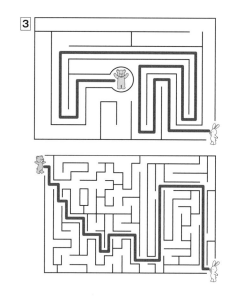

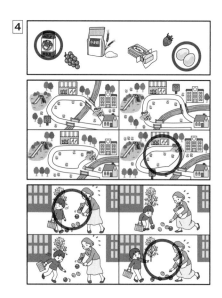

2022 解答例

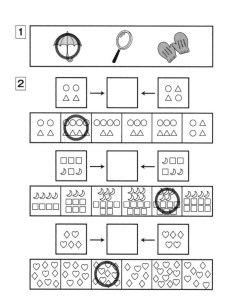

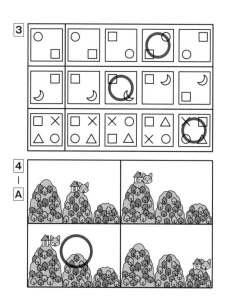

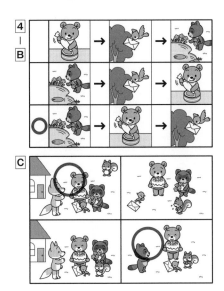

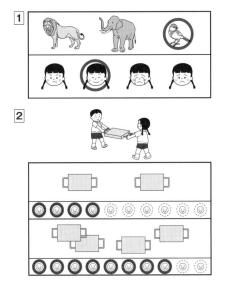

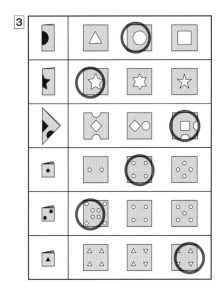

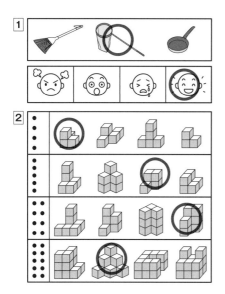

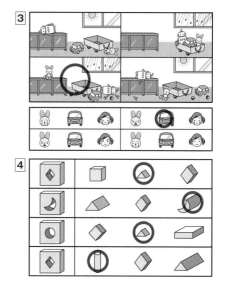

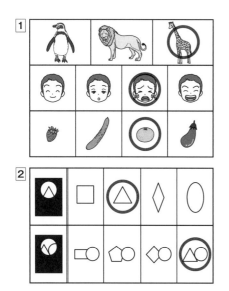

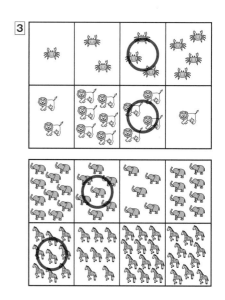

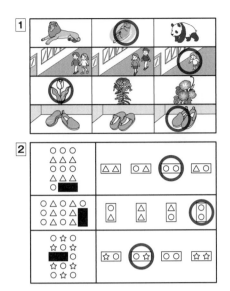

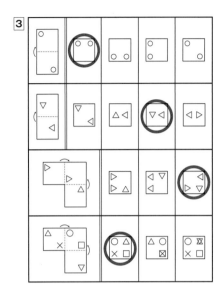

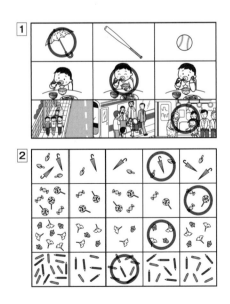

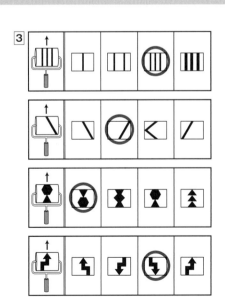

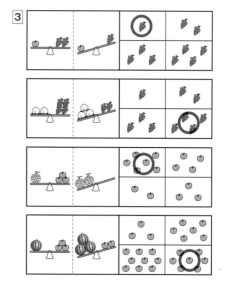

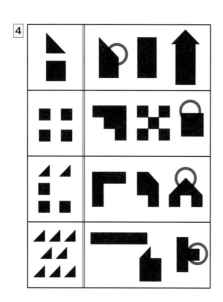

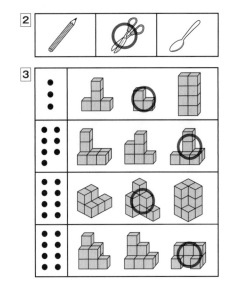

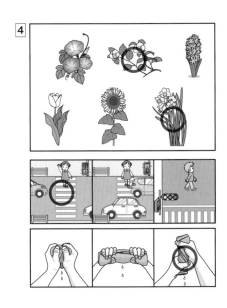

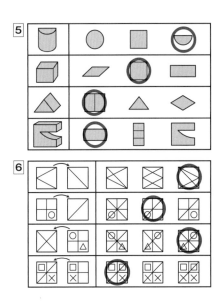

1
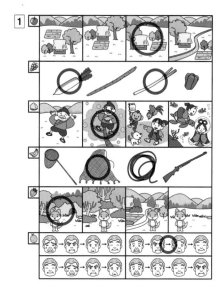

2
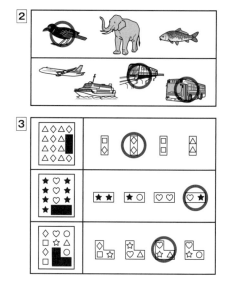

3

4
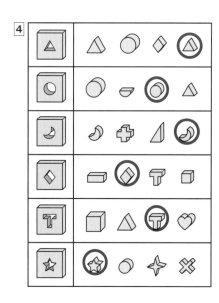

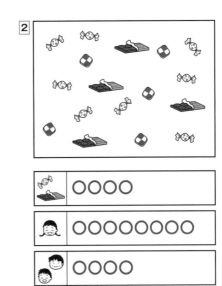

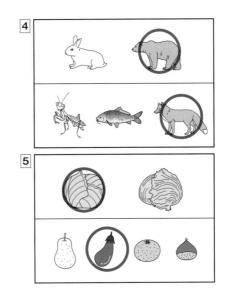

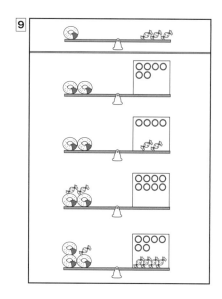

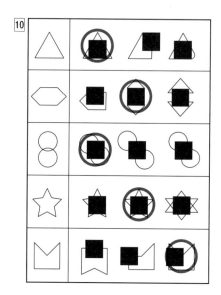

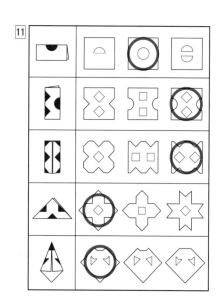

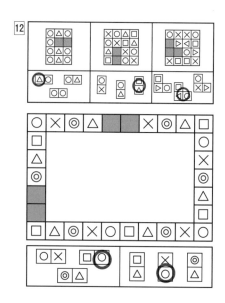

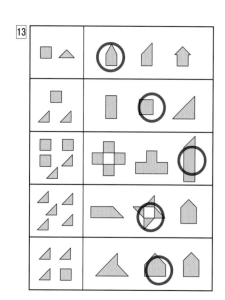